MOYENS LÉGISLATIFS

DE RÉGÉNÉRER

LA PRESSE PÉRIODIQUE,

D'ÉTENDRE LA PUBLICITÉ ET DE RÉGLER LA POLÉMIQUE,

SANS INQUISITION INTÉRIEURE, CENSURE, DÉLATION,
CAUTIONNEMENT NI TIMBRE.

HOMMAGE D'UN DÉPUTÉ A SES COLLÈGUES,

PAR

M. ÉMILE DE GIRARDIN.

Les Français ont le droit de publier et de faire
imprimer leur opinion en se conformant aux lois.
La censure ne pourra jamais être rétablie.

Application du jury aux délits de la presse.
(Art. 7 et 69 de la Charte de 1830.)

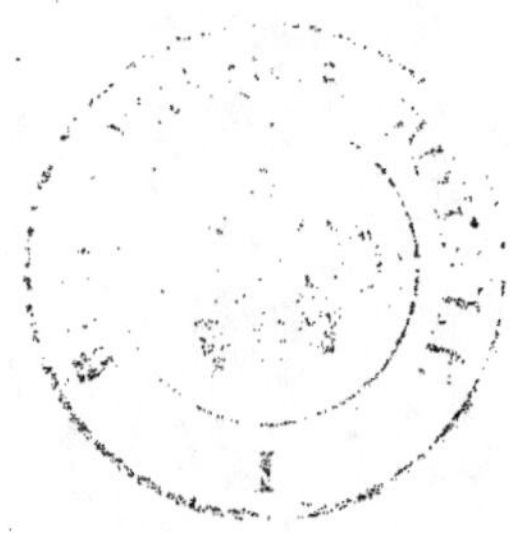

PARIS.

A. DESREZ, LIBRAIRE-ÉDITEUR, RUE DES MOULINS, 18.

—

1835.

MOYENS LÉGISLATIFS

DE RÉGÉNÉRER

LA PRESSE PÉRIODIQUE,

D'ÉTENDRE LA PUBLICITÉ,

ET DE RÉGLER LA POLÉMIQUE,

SANS INQUISITION INTÉRIEURE, CENSURE, DÉLATION, CAUTIONNEMENT NI TIMBRÉ.

L'expérience a manqué jusqu'à ce jour à toutes les lois faites sur la Presse Périodique ; aussi leur esprit a-t-il toujours été inverse de la volonté qui les dictait, et leur effet produit, le résultat contraire de celui qu'on attendait de leur action.

Nos lois devaient élever la Presse Périodique au rang d'institution politique ; elles l'ont fait descendre au rang de spéculation mercantile et vénale ; et lorsqu'au moyen des cautionnemens et des taxes elles ont voulu prévenir ses dangers, elles n'ont fait qu'en concentrer et qu'en comprimer la force jusqu'à l'explosion.

C'est ainsi que nos lois ont d'abord démoralisé la Presse Périodique, et par suite rapidement corrompu les opinions politiques les plus saines, en les poussant à se transformer en objets de trafic et en revenus de l'Etat.

Pour satisfaire la fiscalité du timbre et utiliser le privilége d'un cautionnement onéreux, il faut le dire, les journaux n'ont pas d'autre moyen de se former une clientèle suffisante, que de multiplier les dissentimens politiques et les antipathies sociales, que de porter périodiquement l'exaspération dans les esprits, le soupçon dans les consciences par la mauvaise foi systématique de la discussion, l'infidélité alternative des comptes-rendus et l'injustice réciproque des attaques à l'égard de tout ce qui est contraire à chacun d'eux.

Nos législateurs cependant avaient le choix entre un grand nombre de moyens, avant d'en venir tout de suite — par l'application de la censure temporaire, et par la création de monopoles redoutables, conséquences directes des prohibitions absolues, des cautionnemens exorbitans, et des taxes excessives, — à une extrémité aussi dangereuse que celle de la concentration d'une force équivalente dans l'ordre moral à celle de la vapeur dans l'ordre matériel.

L'affaiblissement des forces de la Presse Périodique par leur déperdition, c'est-à-dire par une liberté sans entraves, moyens conseillés par MM. de Chateaubriand et Benjamin Constant, était à tous égards un système préférable, car il offrait moins de dangers et permettait à une main déjà exercée de le graduer selon l'expérience acquise.

Un autre moyen tout simple de décentraliser la Presse Périodique, c'est-à-dire de prévenir ses dangers ou de les détruire, s'offrait encore; il suffisait de joindre la taxe du timbre au prix du port et de porter à dix centimes le droit de poste. Les journaux de Paris par ce seul fait perdaient leur omnipotence, les journaux de départemens croissaient en nombre, toutes les opinions se faisaient jour et s'effaçaient dans la diversité de leurs nuances.

Maintenant vingt années d'expérience ont assez évidemment démontré :

Que les cautionnemens ne sont que des garanties illusoires et des priviléges funestes;

Que l'impôt du timbre en matière de Presse Périodique est un contre-sens politique puisqu'il s'oppose à son affaiblissement, qui aurait naturellement lieu par l'extension de la concurrence;

Que toutes les mesures restrictives enfin dont la Presse Périodique a été l'objet n'ont abouti qu'à la jeter dans la dépendance des partis et qu'à transformer, à son insu, l'abonné le plus modéré d'un journal en sectaire politique.

Comment pouvait-il en être autrement? Comment n'a-t-on pas compris tout de suite, et comment ne comprend-on pas encore qu'alors que, par l'effet de la législation fiscale, un journal politique ne peut se soutenir qu'au moyen du concours de cinq mille abonnemens, son intérêt le contraint à créer de profondes dissidences d'opinions et de larges démarcations de partis, afin de fomenter des passions exploitables et des haines productives?

Voilà le tort irréparable d'avoir fait la Presse Périodique justiciable des tribunaux consulaires, de l'avoir contrainte à devenir denrée commerciale, quelque désintéressée qu'elle pût vouloir être.

Il est incontestable que le haut prix des feuilles quotidiennes qui est le résultat des taxes qui les grèvent a pour effet de restreindre les classes intermédiaires au choix d'un seul journal, de les priver des élémens de conviction qu'une discussion contradictoire présenterait à leur jugement, de les faire esclaves aveugles des doctrines exclusives d'un seul parti et de rendre impossible en France l'impartialité.

La conséquence de ce qui précède est que le meilleur système de la Presse Périodique sera celui qui, dans toutes les villes, encouragera la création d'autant de journaux qu'il peut y avoir d'intérêts à représenter, de besoins à satisfaire, de professions et d'états à éclairer.

La *Publicité*, comprimée maladroitement par des mesures restrictives, a dévié de son origine et de son but ; elle s'est transformée en *Polémique* ; la torche a pris la place du flambeau.

Maintenant et dans l'état où sont les choses qu'y a-t-il à faire pour restituer à la Presse Périodique l'utile fonction qui lui est réservée dans l'ordre social et politique ?

Déjà dans une autre circonstance nous avons demandé :

Que la *Publicité* cessât d'être contrainte à appeler la *Polémique* et les partis à son aide pour payer leur part d'un impôt exorbitant et cependant peu productif ;

Que le gouvernement représentatif rendît hommage au principe de la publicité, non point par des sacrifices impurs faits sous le nom de *subventions* à la vénalité par la corruption, mais en constituant politiquement lui-même, sur des bases larges, légales et morales, la publicité ministérielle, et en en consacrant hautement et franchement le principe comme garantie des contribuables et comme témoignage de la bonne foi de l'administration publique.

Mais de tels vœux, dans les circonstances actuelles, auraient peu de probabilités d'être écoutés et accueillis, s'ils se produisaient sans être accompagnés des moyens de satisfaire les exigences du présent, en ne préparant toutefois dans l'avenir aucune réaction et en n'alarmant aucun des nombreux partisans dévoués à la cause de la liberté de la presse.

Le problème législatif dont nous nous sommes en conséquence proposé la solution est exprimé dans les termes qui suivent :

Que la responsabilité des éditeurs d'un écrit

périodique ne soit plus une garantie illusoire, une fiction déplorable, mais qu'elle devienne une fonction publique considérée à l'égale des plus utiles et des plus dignement remplies;

Que l'âge, l'expérience et la position sociale de l'éditeur responsable d'un écrit périodique, présentent toutes les garanties vainement demandées jusqu'à ce jour, non à la moralité des hommes, mais à la quotité variable des cautionnemens; que ces garanties soient telles enfin que leur réunion suffise pour élever sans crainte la Presse au rang d'institution et pour détruire sans retour les préventions défavorables qu'a pu faire naître l'abus de sa liberté;

Que la publication d'un écrit périodique cesse d'être assimilée par la loi à une exploitation commerciale afin que les hommes honorables et instruits, animés de vues utiles et généreuses, ne soient plus retenus, pour les exprimer et les propager, par la crainte d'y sacrifier leur fortune et de compromettre leur nom devenu *raison de commerce*, par le seul fait d'une publication périodique, à moins de s'exposer à un autre danger, celui de se livrer sans défense et sans réserve à la bonne foi d'un gérant absolu bien qu'agent subalterne;

Que les vexations commises chaque jour dans l'ombre, par les agens du fisc, ne soient plus, de la part de la Presse qu'elles disposent à l'acrimonie, des causes indirectes d'opposition contre l'administration publique;

Que l'on ne puisse plus justement adresser à la Presse Périodique le reproche que font au Pouvoir les ennemis de la centralisation ; qu'elle cesse en conséquence d'être l'expression monotone et restreinte des opinions et des intérêts d'une seule ville, et que plus instructive et plus variée elle devienne l'organe des opinions et des besoins de tous les départemens de la France. Il restera encore à la Presse centrale une assez belle attribution, celle de l'initiative de toutes les grandes questions ;

Qu'il puisse y avoir autant d'écrits périodiques qu'il y aura d'hommes éclairés intéressés à l'ordre, ou désireux de concourir à la propagation d'idées utiles;

Qu'aucune entrave enfin ne soit mise à la liberté de la Presse Périodique. — Qu'aucune faveur n'enchaîne son indépendance.—Qu'aucun privilége exceptionnel n'en détruise l'égalité, et qu'aucune subvention n'en puisse jamais rendre la modération suspecte de vénalité.

Avant de terminer cet exposé de nos idées, une dernière tâche nous reste, c'est celle d'examiner maintenant si l'œuvre que nous produisons sous le titre : *d'étude d'un projet de loi sur la Presse Périodique,* remplit les conditions du programme que nous venons de nous tracer.

L'article 1er de notre projet met fin à toutes

les distinctions arbitraires et à toutes les nom-
breuses catégories de journaux, parmi lesquelles
s'égarent le fisc et les tribunaux.

L'article 2 place la Presse Périodique entre
les mains d'hommes expérimentés, indépendans
par leur fortune du pouvoir et des partis, intéressés matériellement en qualité d'électeurs
au maintien de l'ordre; il les engage indirectement, par serment, envers la forme actuelle du
gouvernement et la dynastie régnante.

La condition d'éligibilité substituée au dépôt
du cautionnement a les avantages suivans:

1° Elle donne au gouvernement des garanties
moins douteuses, car elle ajoute celles de l'âge
et de l'expérience à celles de la fortune. Aucun
homme âgé de trente ans ne pourrait plus être
désormais gérant, tandis que la loi lui permet
maintenant d'en remplir les fonctions à vingt-
un ans;

2° Le cautionnement, fourni le plus souvent
par des tiers au moyen d'une prime convenue,
progressive en raison des risques que lui fait
courir celui qui l'emprunte, n'a toujours été
qu'une formalité vaine, et qu'une garantie politique illusoire. Le cens d'éligibilité est au contraire une condition trop honorable à remplir,
pour que le gérant ne l'ait pas toujours involon-
tairement présente à la pensée, dans l'expression
de ses opinions.

On ne saurait trop désirer que les gérans des

écrits périodiques soient éligibles; indépendamment des garanties pécuniaires qu'ils offrent en cas d'amendes, c'est un moyen de déférer en quelque sorte leurs doctrines à l'opinion publique elle-même par leur candidature permanente.

Ce but honorable, s'il eût, depuis vingt années, toujours été présent à l'ambition des gérans responsables, en eût relevé la condition; il les eût fait plus dépendans de l'opinion; la Presse Périodique eût moins rencontré de brouillons et de controversistes obscurs; elle eût compté plus d'hommes politiques préparés par la théorie à la pratique des affaires.

Nous reconnaissons que c'est un des vices de la Presse Périodique qu'elle exerce sans contrôle un contrôle si actif, et que le plus grand nombre des écrivains dont le journalisme est la profession, soit trop étranger aux intérêts généraux qui sont de plusieurs natures; plus on relèvera la Presse Périodique, plus elle sera éclairée, digne et conciliatrice et plus l'on créera de chances qu'elle cesse d'être l'interprète des passions des partis, pour devenir l'organe des intérêts et des vœux du pays.

On remarquera peut-être qu'un très-court délai est accordé, article 2 de notre projet, en cas de décès du gérant responsable, pour son remplacement; mais il est à désirer que l'exposition d'une doctrine ou la défense d'une opinion politique cessent d'être une spéculation et un achalandage, et que les abonnés ne soient plus regardés comme une propriété cessible par voie de transfert ou de contrat de vente.

Le premier signe auquel se fera reconnaître une bonne loi sur la Presse, ce sera précisément à l'émancipation des abonnés !... En Angleterre, il n'y en a pas : on achète le matin le journal qui plaît ou qui intéresse le plus, en raison de l'opinion qu'il exprime ou de la nouvelle qu'il contient.

Les formalités exigées par l'article 3, sont les mêmes que celles en vigueur, à l'exception d'une seule. Il nous a paru utile que les lecteurs d'un écrit périodique fussent instruits des mutations de personnes qui s'opéraient dans son sein; ce n'est qu'une application nouvelle de la publicité faite à la Presse et dont elle ne saurait se plaindre.

Nous ne pensons pas qu'avec les garanties personnelles qu'exige du gérant l'article 2, une pénalité plus sévère que celle que nous proposons doive être appliquée; dans l'état de nos mœurs, elle paraîtrait exorbitante et n'aboutirait qu'à l'impunité.

Il peut venir telle circonstance qui fasse que la clause pénale relative au compte-rendu des séances secrètes des chambres législatives, acquière une haute importance politique. Celle relative au secret des délibérations des tribunaux et du jury sera d'une utilité que l'expérience fait reconnaître.

L'article 7 n'établit aucune différence en-

tre les corps constitués, les fonctionnaires publics et les simples citoyens pour le délit de diffamation commis contre eux par la voie de la
Presse Périodique ; car l'honneur de tous est
également précieux , et l'inégalité ne saurait
être qu'en raison de la douleur, de l'indiffé-
rence ou du dommage que peut diversement cau-
ser la diffamation ou l'injure.

Il serait à désirer que le procureur du roi
ne veillât pas avec moins de sévérité sur l'honneur des particuliers que sur la dignité de la
personne royale : c'est en ne tolérant aucune
infraction à cette partie de la loi, que l'on fera
vite rentrer la Presse Périodique dans les limites
des convenances et dans le respect de la vie
privée, dont elle paraît avoir perdu le sentiment,
et que d'autre part l'habitude s'acquerra de
demander aux tribunaux la répression d'outrages que l'usage est de venger aujourd'hui par la
voie du duel.

Des hommes honorables, après des services rendus au pays, lorsque le jour de la récompense
tardive sera venu , ne se verront plus alors ex-
posés à l'ingrate et injuste déconsidération qui
les poursuit trop souvent hors du cercle de leurs
familles et de leurs amis. Là, selon nous, a été fait
le plus grand abus de la Presse Périodique : la loi
que nous avons conçue donne tous les moyens
de le faire disparaître.

L'article 52, qui régit les condamnations en

cas de récidives, a pour objet de prévenir l'atteinte grave que portent à la Justice, à la Société et au Gouvernement des condamnations fréquentes et multipliées, encourues par le même journal.

Ce qui dans notre projet appellera probablement le plus grand nombre d'objections, ce sera la suppression du timbre, en raison du million environ qu'il produit à l'État...

Assurément, c'est un déficit fâcheux à créer dans un budget dont les dépenses excèdent encore les recettes; mais ce déficit sera certainement plus que couvert, si le gouvernement acquiert la stabilité qui lui manque, et le commerce la sécurité dont il a besoin.

Tant de choses peuvent influer d'une manière si sensible, bien qu'indirecte, sur les éventualités du budget des recettes, qu'il n'y a pas lieu d'hésiter à prononcer la suppression du timbre, en ce qui concerne les écrits périodiques, pour peu que l'on pense que cette nouvelle constitution de la liberté de la presse en améliore et en régularise l'exercice.

Toutefois pour que la suppression de l'impôt du timbre, en ce qui concerne les écrits périodiques, ne laisse que le plus faible déficit possible dans le trésor public, et attendu le dégrèvement considérable qui doit s'ensuivre pour les journaux établis, il nous a paru juste et convenable d'élever à cinq centimes le droit de poste par feuille

de vingt-cinq décimètres carrés, et d'en augmen-
ter le port d'un centime par chaque fraction de
cinq décimètres excédant.

Ainsi le trésor public retrouverait, à titre de
juste rémunération d'un service rendu, une
partie de la taxe que lui ferait perdre l'adoption
de notre projet.

Une voie nouvelle plus droite, plus large et
plus sûre étant tracée à la polémique, il ne nous
reste plus qu'à constituer la publicité impassible et fidèle par la publication d'un journal officiel, tel que nous l'avons déjà défini à la tribune parlementaire en ces termes (1) : « REGIS-
» TRE DE L'ÉTAT POLITIQUE, exclusivement
» ouvert à la reproduction impartiale des débats
» législatifs, du texte des lois organiques, des
» actes officiels et des nouvelles d'un intérêt gé-
» néral, — ne contenant jamais que la rectifica-
» tion brève et sévère des faits erronés, — sans
» apologies, sans attaques et sans commentaires,
» — réduit au plus faible coût et adressé, aux
» frais de l'État, à tous les citoyens remplissant
» gratuitement des fonctions publiques. »
Nous ajoutions :

« Partout, jusque dans la plus faible com-
» mune, cet envoi ferait pénétrer la vérité,
» avant qu'elle n'y parvînt déjà altérée, et cela
» ne serait pas une charge nouvelle pour l'Etat

____

(1) Discussion des fonds secrets, séance du 29 avril 1835.

» en raison des impressions administratives dont
» une grande partie deviendrait alors superflue.

» Cette Publicité commune et bienfaisante,
» fondée en concurrence d'une Polémique épui-
» sée, aurait deux avantages :

» Le premier, d'appeler directement, par une
» transmission rapide, sûre et peu chère, des
» communications officielles et des nouvelles
» authentiques, le pays à juger lui-même les
» hommes et les actes du pouvoir, avant que
» son esprit ait déjà reçu une prévention étran-
» gère.

» Le second, de faire disparaître beaucoup
» de divisions et de démarcations de partis que
» la Presse Périodique, pour satisfaire le fisc, est
» contrainte d'entretenir.

» Alors se formerait une opinion politique
» plus indépendante et plus impartiale.

» Quel membre de la chambre, parmi l'Oppo-
» sition même, s'élèverait contre un tardif hom-
» mage rendu par le gouvernement à la Publicité,
» si telle était sa constitution légale qu'aucun
» abus ne pût en être fait, et qu'il fût permis
» d'interpeller à la tribune parlementaire le
» ministre qui aurait toléré que la vérité fût
» altérée en sa faveur, ou bien l'éloge employé
» à l'occasion d'aucun de ses actes?

» Ainsi nous comprendrions la Publicité léga-
» lement reconnue, politiquement constituée et
» non plus corrompue. »

Pour atteindre ce résultat les moyens d'exécution sont faciles et sûrs.

Il serait nécessaire d'acquérir le *Moniteur Universel* pour en faire une propriété de l'Etat, et au refus de son éditeur de le céder, rien ne serait plus facile que de créer alors un autre organe officiel.

La transmission rapide de la vérité et la rectification prompte et générale de l'erreur importent assez à tout gouvernement pour qu'il ne doive point désirer tirer profit d'une publication appelée à exercer une immense influence sur l'opinion publique; conséquemment le prix du journal officiel serait exactement réduit au coût du tirage et du papier.

Pendant la durée des sessions, deux rédactions seraient faites des débats législatifs, l'une textuelle, l'autre sommaire.

La rédaction textuelle, en raison de son étendue, serait à la charge du budget de chacune des chambres ; elle composerait leurs annales et serait distribuée à leurs membres et aux fonctionnaires à qui elles jugeraient à propos d'en ordonner l'envoi.

La rédaction sommaire serait calculée pour n'occuper moyennement que trois des pages du *Moniteur Universel* tel qu'il existe.

Son format serait conservé ; mais le prix de son abonnement serait réduit de 112 francs à 12 francs seulement ; somme suffisante pour couvrir largement les frais du papier et du tirage (1).

On s'y abonnerait sans frais aucuns chez tous les directeurs des postes, qui seraient chargés d'en opérer le service ; on éviterait ainsi tous les détails administratifs et minutieux de l'inscription des noms, de la mise sous bande, des changemens de domicile, etc., etc. ; tout se bornerait à recevoir de chaque directeur des postes la demande et le prix d'un certain nombre d'exemplaires.

Une remise de 10 pour cent sur le prix d'abonnement leur serait allouée pour ce service.

Tous les abonnemens seraient annuels.

Établi sur ces bases, le *Moniteur Universel* compterait bientôt plus de deux cent mille abonnés, indépendamment des souscriptions communales.

Les seules difficultés que pourrait présenter l'exécution de ce plan, seraient des difficultés matérielles de tirage, en raison du nombre incalculable d'abonnés auquel parviendrait vite et sûrement le journal officiel.

Mais ces difficultés sont de celles qui arrêtent quelquefois une entreprise privée, jamais un gouvernement. On triplerait au besoin les compositions s'il le fallait, jusqu'à ce qu'un procédé plus expéditif et plus économique naquît de sa

(1) La feuille d'impression grand-raisin, tirée à grand nombre à la mécanique et sur bon papier, revient à 15 francs la rame, soit 5 centimes la feuille, ou 10 francs 95 centimes pour 365 numéros.

nécessité même. En Angleterre il y a des presses qui de minuit à midi pourraient tirer 48,ooo exemplaires. Il suffirait de doubler la composition pour qu'elles produisissent 96,ooo exemplaires pendant le même temps.

On n'a pas encore exactement calculé toute la puissance du bon marché appliqué à la Presse Périodique, car jusqu'à ce jour le bon marché a toujours été plus apparent que réel, et cependant on sait quel succès ont obtenu certaines publications mensuelles.

Dans cette occurrence, l'économie du prix ne serait pas le seul motif déterminant pour s'abonner au journal officiel, à quelque fraction politique qu'on appartienne; il y en aurait encore un autre, ce serait l'avantage de recevoir les communications officielles et les nouvelles exactes, vingt-quatre heures avant l'arrivée des autres feuilles, et de pouvoir étudier et suivre ainsi la pensée du gouvernement d'après elle-même.

Nul doute qu'un journal officiel qui réunirait ces deux conditions, n'eût alors pour abonnés ceux-là même qui le seraient déjà à des journaux défenseurs de leurs opinions politiques; que serait en effet, pour des lecteurs accoutumés depuis long-temps à payer 8o francs pour le montant de leur abonnement annuel, l'addition de la somme de 12 francs, — prix du journal officiel — à celle de 6o francs, taux approximatif auquel les journaux existans pourraient descendre

leur abonnement hors du département, siége de
leur publication? Il serait à désirer que de son
côté le gouvernement ne négligeât aucun moyen
de faire qu'à tous égards, sous le rapport de la
célérité autant que sous celui de l'exactitude,
son journal officiel eût toujours la supériorité ;
le monopole des télégraphes, le nombre de ses
courriers et de ses agens, offrent sans frais
tous les moyens de la lui assurer. Le mensonge
ne l'emporte sur la vérité que lorsqu'elle est
tardive, jamais quand elle le devance ; plus il
sera accordé de place aux nouvelles, moins il
en restera aux fausses interprétations ; plus la
publicité aura d'attraits et plus la *polémique* en
perdra...

Des avantages si considérables seraient déci-
sifs, particulièrement si, pendant la lacune des
sessions législatives, le gouvernement ne négli-
geait rien pour que le journal officiel devînt le
registre national où tout ce qui honore et intéresse la France serait consigné : — les plus dignes
productions de l'esprit et du talent, — les chefs-
d'œuvre des arts, les découvertes des sciences et
leurs applications, — les progrès de l'agriculture
et les perfectionnemens de l'industrie, — enfin
tous les moyens d'améliorer le bien-être matériel
de toutes les classes et de développer leurs
facultés morales.

Cette partie de la rédaction n'offrirait point
de difficultés ; il suffirait de demander aux écri-

vains, aux artistes, aux professeurs, inspecteurs, etc., etc., que le gouvernement encourage, pensionne ou emploie, leur coopération : le nombre et l'empressement seraient tels, que loin de leur être une charge, il y a plutôt lieu de croire que les occasions et l'espace manqueraient souvent à leur bonne volonté.

Rien en résumé ne serait donc plus simple que l'exécution de notre projet : quant à son adoption législative, il n'est pas un membre de l'une et de l'autre chambre qui ne comprenne :

1° Que l'esprit de la Presse Périodique est moins dans la *polémique* qui prive les lecteurs de l'indépendance de leur opinion, que dans la *Publicité* fidèle donnée à tous les actes du pouvoir; si les chambres doutaient de la bonne foi du ministère à les reproduire avec exactitude, rien ne serait plus simple encore que d'insérer dans la loi nouvelle qu'une commission de douze membres prise par moitié dans chacune des deux chambres, élus par elles au renouvellement de chaque session, composeraient un conseil de surveillance chargé chaque année de leur faire un rapport;

2° Que la décentralisation de la Presse Périodique est tout entière à l'avantage des départemens, et qu'elle-même ne remplira sa mission à la satisfaction de tous les intérêts que lorsqu'elle sera devenue dans toutes les villes l'organe de leurs opinions et de leurs besoins et qu'elle se dispersera pour aller partout se poser leur sentinelle ;

3° Que si l'affaiblissement de la Presse Périodique, par l'extension de la concurrence, est une idée toute commerciale et pratique, son accaparement légal dans l'intérêt — de la *publicité* véridique, de l'ordre public, de la prospérité du pays et de la stabilité de ses institutions, — est une idée toute constitutionnelle, digne d'être prise en considération par tous les amis du pouvoir et des libertés publiques.

30 juillet 1835.

ÉTUDE

D'UN

PROJET DE LOI

SUR LA

PRESSE PÉRIODIQUE.

TITRE I. DES ÉCRITS PÉRIODIQUES.

Art. 1. *Toute publication, quels qu'en soient le titre, la forme, le mode et le contenu, paraissant régulièrement ou irrégulièrement, par feuille ou par volume, plus d'une fois par mois, est un ÉCRIT PÉRIODIQUE.*

TITRE II. DES ÉDITEURS RESPONSABLES.

2. *Aucun écrit périodique, à l'exception des feuilles exclusivement consacrées aux avis du commerce et aux an*

nonces judiciaires, ne pourra légalement paraître, si l'éditeur ou gérant responsable, avant de le publier, ne justifie par des pièces régulières :

1° Qu'il exerce depuis deux ans les fonctions d'électeur ;

2° Qu'il remplit, depuis un an au moins, les conditions voulues par la loi pour être éligible ;

3° Qu'il est vrai et légitime possesseur d'immeubles payant 500 francs de contributions directes et que ces immeubles sont libres de toute hypothèque.

3. Dans le cas où un écrit périodique est publié par un seul propriétaire, si ce propriétaire vient à mourir sa veuve ou ses héritiers seront tenus, dans le delai d'un mois, de présenter un gérant responsable.

Ce gérant devra remplir les conditions prescrites par les dispositions qui précèdent.

L'écrit périodique cessera de paraître si, pendant le délai d'un mois accordé, il donne lieu à une condamnation quelconque, sans préjudice des amendes qui pourraient être encourues.

TITRE III. DES FORMALITÉS LÉGALES.

4. (*Art.* 6 *de la loi de* 1828.) Nul écrit périodique ne pourra être légalement publié si l'éditeur responsable ne fait préalablement une déclaration contenant :

1° Le titre de l'écrit périodique et les époques auxquelles il doit paraître ;

2° Le nom de tous les propriétaires, leur part dans l'entreprise et leur demeure ;

3° Le nom et la demeure des gérans responsables ;

4° La désignation de l'imprimerie dans laquelle l'écrit périodique sera imprimé.

5. Toutes les fois qu'il surviendra quelque mutation, soit dans le titre de l'écrit périodique, soit parmi les gérans responsables, il en sera fait déclaration devant l'autorité compétente dans les quinze jours qui suivront la mutation, à la diligence des gérans responsables.

6. *Cette déclaration exigée de l'écrit périodique avant sa publication, devra être imprimée dans le premier numéro qui paraîtra et réimprimée dans le dernier numéro de chaque année avec toutes les mutations survenues.*

7. (*Art. 7 de la loi de* 1828.) Les déclarations prescrites seront accompagnées du dépôt des pièces justificatives ; elles seront signées par chacun des propriétaires de l'écrit périodique ou par le fondé de pouvoir de chacun d'eux. Elles seront reçues à la direction de la librairie, et dans les départemens, au secrétariat général de la préfecture.

8. (*Art.* 10 *de la loi de* 1828.) En cas de contestations sur la régularité ou la sincérité de la déclaration prescrite par l'article 2 et des pièces à l'appui, il sera statué par les tribunaux à la diligence du Préfet, sur mémoire, sommairement et sans frais, la partie ou son défenseur et le ministère public entendus.

9. (*Id.*) Si l'écrit périodique n'a point encore paru, il sera sursis à la publication jusqu'au jugement à intervenir, lequel sera exécutoire nonobstant appel.

10. (*Art.* 8 *de la loi de juillet* 1828). Chaque numéro de l'écrit périodique sera signé en minute par le propriétaire éditeur, s'il est unique ; par l'un des gérans responsables si l'écrit périodique est publié par une société

en nom collectif ou en commandite, et par l'un des administrateurs s'il est publié par une société anonyme.

11. L'exemplaire signé pour minute sera, au moment de la publication, déposé au parquet du procureur du roi du lieu de l'impression, ou à la mairie dans les villes qui n'ont pas de tribunal de première instance. Il sera donné récépissé du dépôt. La signature sera imprimée au bas de tous les exemplaires.

TITRE IV. RESPONSABILITÉ LÉGALE.

12. (*Art. 8 de la loi de 1828.*) Le ou les signataires de la feuille, livraison ou numéro, sont responsables de son contenu et passibles des peines portées par la loi, à raison de la publication des articles, passages ou dessins incriminés, sans préjudice de la poursuite contre l'auteur ou les auteurs desdits articles, passages ou dessins, comme complices. En conséquence les poursuites judiciaires pourront être dirigées tant contre les signataires des feuilles, numéros ou livraisons que contre l'auteur ou les auteurs des passages incriminés, si les auteurs peuvent être connus ou mis en cause.

TITRE V. DES CRIMES, DES DÉLITS, DES CONTRAVENTIONS ET DES PEINES.

CHAPITRE I. — DES CRIMES.

ATTENTATS A LA SURETÉ DE L'ÉTAT.

13. *Toute provocation au renversement du gouvernement représentatif tel qu'il est établi par la Charte cons-*

titutionnelle de 1830, ou au changement de la dynastie
régnante, commise par la voie d'un écrit périodique, soit
par des vœux contraires à leur maintien publiquement
exprimés, soit par des qualifications politiques inconstitu-
tionnelles, soit par des actes séditieux d'adhésion, est un
attentat à la sûreté de l'État.

Aux termes de l'article 38 de la Charte, cet attentat pourra être déféré à la chambre des pairs, et si le
crime est reconnu, il sera puni d'une amende de cinq mille
à vingt-cinq mille francs, et d'un emprisonnement d'une à
cinq années.

14. Le coupable pourra en outre être interdit de tout ou
partie des droits mentionnés en l'article 42 du Code pénal
pendant un temps qui ne pourra être au-dessous d'un
an, ni excéder cinq années.

15. Le fait de l'application de l'article 42 du Code
pénal à l'éditeur responsable d'un écrit périodique, le
rendra de droit incapable d'en remplir les fonctions pendant toute la durée de la peine encourue.

16. L'écrit périodique cessera de paraître, si dans les
trois jours du jugement, un nouveau gérant responsable,
réunissant les conditions voulues, n'en remplit les fonctions.

17. Les mêmes peines que celles ci-dessus pourront être
appliquées à l'éditeur de tout écrit périodique qui aura
rendu compte des séances secrètes des chambres ou de l'une
d'elles, sans l'autorisation écrite de leur président; ou qui
aura violé le secret dû aux délibérations des tribunaux et
à celles du jury par la divulgation des votes individuels
de ses membres.

CHAPITRE II. — DES DÉLITS.

Section 1. — *Offenses envers la personne du roi.*

18. *Quiconque, par la voie d'un écrit périodique, se sera rendu coupable d'une offense envers la personne du roi, soit par des termes de dérision ou de mépris, soit par d'indignes travestissemens dessinés, gravés ou lithographiés, sera puni d'un emprisonnement de trois mois à trois années, et de mille à dix mille francs d'amende.*

Section 2°. — *Diffamations et injures écrites.*

19. *Toute allégation ou imputation d'un fait qui porte atteinte à l'honneur ou à la considération de la personne ou du corps auquel le fait est imputé, est une diffamation si la preuve légale n'est jointe à l'appui.*

Toute expression outrageante, terme de mépris ou invective qui ne renferme l'imputation d'aucun fait, est une injure.

20. *La diffamation et l'injure commises par la voie d'un écrit périodique seront punis d'une amende de mille à cinq mille francs, sans préjudice des dommages-intéréts qui pourront en outre être réclamés et accordés.*

21. *Lorsque le fait imputé sera légalement prouvé, l'auteur de l'imputation sera à l'abri de toute peine.*

Ne sera considérée comme preuve légale que celle qui résultera d'un jugement ou de tout autre acte authentique.

22. (*Art.* 16 *de la loi du* 18 *juillet* 1828.) Dans les procès qui ont pour objet la diffamation, si les tribunaux ordonnent, aux termes de l'article 55 de la Charte, que les débats auront lieu à huis clos, les écrits périodiques ne pourront, à peine de mille à cinq mille francs d'amende, publier les faits de diffamation, ni donner l'extrait des mémoires ou écrits quelconques qui les contiendraient.

23. Dans toutes les affaires civiles ou criminelles où un huis-clos aura été ordonné, ils ne pourront, sous la même peine, publier que le prononcé du jugement.

24. (*Art.* 23 *de la loi du* 17 *mai* 1818, EN VIGUEUR.) Les faits de diffamation étrangers à la cause pourront donner ouverture soit à l'action publique soit à l'action civile des parties, lorsqu'elle leur aura été réservée par les tribunaux, et dans tous les cas à l'action civile des tiers.

CHAPITRE III. — DES CONTRAVENTIONS.

25. (*Art.* 8 *de la loi du* 18 *juillet* 1828.) Seront réputées contraventions et punies comme telles d'une amende de 5oo francs :

1° L'omission des mutations survenues dans la constitution civile ou commerciale de l'écrit périodique, ou celle de leur insertion soit dans le premier numéro publié, soit dans le dernier de chaque année ;

2° (*Art.* 8 *de la loi du* 18 *juillet* 1828.) L'omission du dépôt au parquet du Procureur du Roi, ou du Maire, de l'exemplaire signé en minute, ou celle de la signature sur les exemplaires en circulation.

26. (*Art.* 11 *de la loi de* 1828.) L'amende sera de 5,000 francs, et l'écrit périodique cessera de paraître, si les déclarations prescrites par l'article 3 sont reconnues fausses et frauduleuses en quelqu'une de leurs parties. *L'éditeur en outre ne pourra pendant 5 années, se présenter et être admis en qualité de gérant responsable d'un écrit périodique.*

TITRE VI.—POURSUITES JUDICIAIRES.

27. *La poursuite des crimes, délits et contraventions dont l'énoncé précède, aura lieu d'office par la partie publique sans préjudice de la plainte des parties qui se préten-dront lésées.*

28. *Tous les délits, conformément à la Charte, seront déférés au jugement du jury.*

29. (1) La partie publique, dans son réquisitoire, si elle poursuit d'office, ou le plaignant, dans sa plainte, seront tenus d'articuler et de qualifier les provocations, attaques, offenses, outrages, faits diffamatoires ou injures, à raison desquels la poursuite est intentée, et ce, à peine de nullité de la poursuite.

(1) Les art. 29 à 51 sont la reproduction des art. 6, 7, 8, 9. 10, 12, 13 amendé, 15, 16, 17 amendé, 18, 19, 20, 21, 22, 23, 24, 25, 26, 27, 28, 29 de la loi de M. de Serre, du 26 mai 1819. Notre but, en les reproduisant ainsi, a été de protester contre l'usage fâcheux, à notre avis, de renvoyer à chacune des lois antérieures auxquelles une ou plusieurs dispositions sont empruntées, ce qui prive les lois nouvelles d'ensemble et d'unité dans la rédaction de leurs termes, oblige ceux qu'elles régissent à des recherches longues et fatigantes, multiplie les contraventions, et concourt à faire de cet axiome judiciaire : « *Nul n'est censé ignorer la loi* », un piége dangereux dans lequel n'est prise le plus souvent que l'ignorance de bonne foi.

3o. Immédiatement après avoir reçu le réquisitoire ou la plainte , le juge d'instruction pourra ordonner la saisie des écrits, imprimés, placards, dessins, gravures, peintures, emblèmes ou autres instrumens de publication.

L'ordre de saisir et le procès-verbal de saisie seront notifiés, dans les trois jours de ladite saisie, à la personne entre les mains de laquelle la saisie aura été faite, à peine de nullité.

3i. Dans les huit jours de ladite notification , le juge d'instruction est tenu de faire son rapport à la chambre du conseil, qui procède ainsi qu'il est dit au Code d'instruction criminelle, livre Ier, chapitre IX, sauf les dispositions ci-après.

3a. Si la chambre du conseil est unanimement d'avis qu'il n'y a pas lieu à poursuivre, elle prononce la mainlevée de la saisie.

33. Dans le cas contraire , ou dans le cas du pourvoi du procureur du Roi ou de la partie civile contre la décision de la chambre du conseil, les pièces sont transmises , sans délai, au procureur-général près la cour royale, qui est tenu, dans les cinq jours de la réception, de faire son rapport à la chambre des mises en accusation , laquelle est tenue de prononcer dans les trois jours dudit rapport.

34. A défaut par la chambre du conseil du tribunal de première instance d'avoir prononcé dans les dix jours de la notification du procès-verbal de saisie , la saisie sera de plein droit périmée. Elle le sera également à défaut par la cour royale d'avoir prononcé sur cette même saisie dans les dix jours du dépôt en son greffe de la requête que la partie saisie est autorisée à présenter, et à l'appui de son pourvoi contre l'ordonnance de la chambre du conseil. Tous les dépositaires des objets saisis seront tenus de

les rendre au propriétaire sur la simple exhibition du certificat des greffiers respectifs, constatant qu'il n'y a pas eu d'ordonnance ou d'arrêt dans les délais ci-dessus prescrits.

Les greffiers sont tenus de délivrer ce certificat à la première réquisition, sous peine d'une amende de trois cents francs, sans préjudice des dommages-intérêts, s'il y a lieu.

Toutes les fois qu'il ne s'agira que d'un simple délit, la péremption de la saisie entraînera celle de l'action publique.

35. Dans les cas où les formalités prescrites par les lois et réglemens concernant le dépôt auront été remplies, les poursuites à la requête du ministère public ne pourront être faites que devant les juges du lieu où le dépôt aura été opéré, ou de celui de la résidence du prévenu.

En cas de contraventions aux dispositions ci-dessus rappelées concernant le dépôt, les poursuites pourront être faites soit devant le juge de la résidence du prévenu, soit dans les lieux où les écrits et autres instrumens de publication auront été saisis.

Dans tous les cas, la poursuite à la requête de la partie plaignante pourra être portée devant les juges de son domicile, lorsque la publication y aura été effectuée.

36. Les crimes et délits commis par la voie d'un écrit périodique seront renvoyés par la chambre des mises en accusation de la cour royale devant la cour d'assises, pour être jugés à la plus prochaine session. L'arrêt de renvoi sera de suite notifié au prévenu.

37. Sont tenues, la chambre du conseil du tribunal de première instance, dans le jugement de mise en prévention, et la chambre des mises en accusation de la

cour royale, dans l'arrêt de renvoi devant la cour d'assises, d'articuler et de qualifier les faits à raison desquels lesdits prévention ou renvoi sont prononcés, à peine de nullité desdits jugement ou arrêt.

37. Lorsque la mise en accusation aura été prononcée pour crimes commis par voie de publication, et que l'accusé n'aura pu être saisi, ou qu'il ne se présentera pas, il sera procédé contre lui, ainsi qu'il est prescrit au livre II, titre IV, du Code d'instruction criminelle, chapitre *des contumaces.*

38. Lorsque le renvoi à la cour d'assises aura été fait pour délits spécifiés dans la présente loi, le prévenu, s'il n'est présent au jour fixé pour le jugement par l'ordonnance du président, dûment notifiée audit prévenu ou à son domicile, dix jours au moins avant l'échéance, outre un jour par cinq myriamètres de distance, sera jugé par défaut.

39. Le prévenu pourra former opposition à l'arrêt par défaut dans les dix jours de la notification qui lui en aura été faite ou à son domicile, outre un jour par cinq myriamètres de distance, à charge de notifier son opposition, tant au ministère public qu'à la partie civile.

Le prévenu supportera, sans recours, les frais de l'expédition et de la signification de l'arrêt par défaut et de l'opposition, ainsi que de l'assignation et de la taxe des témoins appelés à l'audience pour le jugement de l'opposition.

40. Dans les cinq jours de la notification de l'opposition, le prévenu devra déposer au greffe une requête tendant à obtenir du président de la cour d'assises une ordonnance fixant le jour du jugement de l'opposition : cette ordonnance fixera le jour aux plus prochaines as-

sises; elle sera signifiée, à la requête du ministère public, tant au prévenu qu'au plaignant, avec assignation au jour fixé, dix jours au moins avant l'échéance. Faute par le prévenu de remplir les formalités mises à sa charge par le présent article, ou de comparaître par lui-même ou par un fondé de pouvoir au jour fixé par l'ordonnance, l'opposition sera réputée non avenue, et l'arrêt par défaut sera définitif.

41. Nul ne sera admis à prouver la vérité des faits diffamatoires, si ce n'est dans le cas d'imputation contre des dépositaires ou agens de l'autorité, ou contre toutes personnes ayant agi dans un caractère public, de faits relatifs à leurs fonctions. Dans ce cas, les faits pourront être prouvés par-devant la cour d'assises par toutes les voies ordinaires, sauf la preuve contraire par les mêmes voies.

La preuve des faits imputés met l'auteur de l'imputation à l'abri de toute peine, sans préjudice des peines prononcées contre toute injure qui ne serait pas nécessairement dépendante des mêmes faits.

42. Le prévenu qui voudra être admis à prouver la vérité des faits dans le cas prévu par le précédent article, devra, dans les huit jours qui suivront la notification de l'arrêt de renvoi devant la cour d'assises, ou de l'opposition à l'arrêt par défaut rendu contre lui, faire signifier au plaignant :

1° Les faits articulés et qualifiés dans cet arrêt desquels il entend prouver la vérité ;

2° La copie des pièces ;

3° Les noms, professions et demeures des témoins par lesquels il entend faire sa preuve.

Cette signification contiendra élection de domicile près

la cour d'assises; le tout à peine d'être déchu de la preuve.

43. Dans les huit jours suivans, le plaignant sera tenu de faire signifier au prévenu, au domicile par lui élu, la copie des pièces, et les noms, professions et demeures des témoins par lesquels il entend faire la preuve contraire; le tout également sous peine de déchéance.

44. Le plaignant en diffamation ou injure pourra faire entendre des témoins qui attesteront sa moralité : les noms, professions et demeures de ces témoins seront notifiés au prévenu ou à son domicile, un jour au moins avant l'audition.

Le prévenu ne sera point admis à faire entendre des témoins contre la moralité du plaignant.

45. Le plaignant sera tenu, immédiatement après l'arrêt de renvoi, d'élire domicile près la cour d'assises, et de notifier cette élection au prévenu et au ministère public; à défaut de quoi toutes significations seront faites valablement au plaignant au greffe de la cour.

Lorsque le prévenu sera en état d'arrestation, toutes notifications, pour être valables, devront lui être faites à personne.

46. Lorsque les faits imputés seront punissables selon la loi, et qu'il y aura des poursuites commencées à la requête du ministère public, ou que l'auteur de l'imputation aura dénoncé ces faits, il sera, durant l'instruction, sursis à la poursuite et au jugement du délit de diffamation.

47. Tout arrêt de condamnation contre les auteurs ou complices des crimes et délits commis par voie de publication, ordonnera la suppression ou la destruction des

objets saisis, ou de tous ceux qui pourront l'être ulté-
rieurement, en tout ou en partie, suivant qu'il y aura
lieu pour l'effet de la condamnation.

L'impression ou l'affiche de l'arrêt pourront être or-
données aux frais du condamné.

Ces arrêts seront rendus publics dans la même forme
que les jugemens portant déclaration d'absence.

48. Quiconque, après que la condamnation d'un
écrit, de dessins ou gravures, sera réputée connue par
la publication dans les formes prescrites par l'article précédent, les réimprimera, vendra ou distribuera, subira
le *maximum* de la peine qu'aurait pu encourir l'auteur.

49. Toute personne inculpée d'un délit commis par
la voie de la presse, ou par tout autre moyen de publication, contre laquelle il aura été décerné un mandat de
dépôt ou d'arrêt, obtiendra sa mise en liberté provisoire,
moyennant caution. La caution à exiger de l'inculpé ne
pourra être supérieure au double du *maximum* de l'a-
mende prononcée par la loi contre le délit qui lui est imputé.

5o. L'action publique contre les crimes et délits commis par la voie de la presse, ou tout autre moyen de publication, se prescrira par six mois révolus, à compter
du fait de publication qui donnera lieu à la poursuite.

S'il a été fait, dans cet intervalle, un acte de poursuite
ou d'instruction, l'action publique ne se prescrira qu'après
un an, à compter du dernier acte, à l'égard même des
personnes qui ne seraient pas impliquées dans ces actes
d'instruction ou de poursuite.

Néanmoins, dans le cas d'offenses envers les Chambres,
le délai ne courra pas dans l'intervalle de leurs sessions.

L'action civile ne se prescrira, dans tous les cas, que

par la révolution de trois années, à compter du fait de la publication.

TITRE VII. — CONDAMNATIONS.

51. *Les condamnations pécuniaires prononcées soit contre les signataires responsables de l'écrit périodique, soit contre l'auteur ou les auteurs des passages incriminés, si elles ne sont acquittées dans le délai légal, donneront lieu à la cessation de l'écrit périodique, à la contrainte par corps et à l'expropriation forcée de l'éditeur responsable, et solidairement s'ils sont plusieurs.*

52. *Tout éditeur ou gérant responsable d'un écrit périodique jugé dans la même année, coupable de récidive et condamné cumulativement, soit à plus de deux années de prison, soit à des amendes excédant 20,000 francs, ne pourra plus, pendant cinq années à partir du jour de sa condamnation, exercer les fonctions de gérant d'aucun écrit périodique.*

L'écrit périodique dont il sera gérant au moment de sa condamnation, cessera de paraître, si dans les trois jours qui suivront la signification du jugement définitif, il ne se présente pour le remplacer un autre gérant remplissant les conditions prescrites par l'article 2.

ARTICLES TRANSITOIRES.

51. *Toutes les lois antérieures concernant la répression des crimes délits et contraventions de la presse périodique, les cautionnemens et le timbre des écrits périodiques sont abrogées.*

52. *Il est accordé aux éditeurs d'écrits périodiques existant au jour de la promulgation de la présente loi, un délai de trois mois pour présenter un ou plusieurs gérans responsables réunissant les conditions requises, et faire les déclarations prescrites.*

La possession annale, voulue par l'article 2, n'est point exigible de la part des éditeurs des écrits périodiques actuellement existans.

53. *Les cautionnemens déposés aux termes de la loi du 14 décembre 1830 seront restitués à leurs titulaires dans les huit jours qui suivront soit la justification par les gérans qu'ils ont rempli les conditions requises, soit leur retraite et la cessation de l'écrit périodique publié sous leur responsabilité.*

Si des amendes ont été encourues, le prélèvement aura lieu de droit avant la restitution du cautionnement.

54. Le droit de poste fixé par l'article 3 de la loi du 14 décembre 1830 et par l'art. 2 de la loi du 4 thermidor an IV pour le port sur les journaux et écrits périodiques, ainsi que pour les recueils, annales, mémoires, bulletins périodiques uniquement consacrés aux sciences, aux arts et à l'industrie, *est porté à cinq centimes par feuilles d'impression de vingt-cinq décimètres et au-dessous.*

Tout écrit périodique dont le format excédera vingt-cinq décimètres, paiera un centime en sus par chaque fraction de cinq décimètres excédant.

Les écrits périodiques ne paieront que la moitié des droits fixés ci-dessus toutes les fois qu'ils seront destinés pour l'intérieur du département où ils sont publiés.

55. *La même franchise dont jouit le Bulletin des Lois est accordée au journal officiel des actes du gouvernement.*

POST-SCRIPTUM.

Les projets de loi apportés le 4 août, à la chambre des députés par M. le garde-des-sceaux, n'étaient pas encore rédigés, lorsque les observations sommaires qu'on vient de lire ont été écrites. Elles n'étaient point destinées à l'impression; aussi manquent elles à la fois de concision et de développement.

Par un scrupule peut-être exagéré, nous n'avons pas voulu qu'il fût dit, — par ceux de nos amis à qui ces observations ont été communiquées, — que l'accueil critique fait par les journaux à l'émission de la pensée ministérielle, avait changé notre manière de juger l'abus auquel peut donner lieu la liberté de publier et de faire imprimer ses opinions.

Nous livrons donc notre pensée, telle qu'elle a été rapidement ébauchée, aussitôt qu'il a été question de nouvelles lois sur la Presse Périodique.

Sur le crime de provocation au renversement du gouvernement représentatif et au changement de la dynastie régnante, commis par la voie de la Presse Périodique, et qualifié *d'attentat à la sûreté de l'État;* — sur le secret dû aux délibérations du jury; — sur le respect que commandent pour être réelles et sérieuses, l'inviolabilité et la majesté de la personne du roi, nos opinions se sont trouvées à peu près les mêmes que celles exprimées dans les projets de loi présentés; dès qu'on attaque cette opinion, la taire nous eût semblé la désavouer, et encourir le soupçon d'en vouloir décliner la responsabilité par le silence.

Notre caractère n'a point cette prudente circonspection.

Mais si nous sommes d'accord avec les auteurs des projets de lois du 4 août sur plusieurs points, sur la majorité des autres nous en différons essentiellement et particulièrement sur les bases constitutives de la législation qui doit régler l'exercice d'une liberté qui nous est si chère, que nous voudrions que le dépôt n'en fût jamais confié qu'à des mains sûres et expérimentées, afin que l'abus n'en compromît jamais le droit, la puissance et la dignité.

C'est avec un profond et douloureux regret que nous avons vu MM. de Broglie, Guizot et Thiers, tous les trois ministres, continuer l'œuvre législative qu'ils avaient combattue, et persister à chercher, — ainsi que l'avaient tenté vainement MM. de Montesquiou, Siméon, de Peyronnet et de Polignac, — des garanties contre les excès ou les dangers de la Presse Périodique, dans une pénalité exorbitante, dans une police intérieure et irritante, dans des délations légalement immorales, au lieu de demander plus sûrement ces garanties à la personne des gérans responsables et à leur considération publique.

Avilir la Presse Périodique par la délation,
la dégrader par le rétablissement de la déportation, la vexer, comme à plaisir, sans résultat et
sans but dans ses relations privées, ce n'est pas
le moyen de l'asservir par la crainte, c'est se placer imprudemment dans l'alternative d'achever
de détruire sa liberté par l'abus, ou, dans une
circonstance grave, l'ordre légal, par une terrible explosion.

Six années d'expériences et d'études sur cette
matière nous ont appris et convaincu qu'il est
plus facile de régénérer la Presse Périodique que
de la réprimer.

Réprimer la Presse, c'est, en prévenant ses
écarts, lui rendre sa puissance sur l'opinion publique: c'est là un des avantages, si ce n'est de
l'impunité, tout au moins d'une pénalité trèsmodérée; c'est de déconsidérer la presse dès
qu'elle abuse de la liberté que lui laisse la sagesse des lois.

Les excès de la Presse lui sont plus funestes
que ses condamnations; car, au lieu d'éveiller
l'indulgence irréfléchie que fait naître généralement toute condamnation à une peine grave, —
laquelle, le plus souvent, dispose à atténuer les
peines du condamné, pour accuser la justice de
rigueur, — ses excès inspirent à la raison publique le dégoût des attaques violentes et injus

tes dirigées par l'esprit, ou l'intérêt de parti contre le gouvernement inoffensif.

Aussi, c'est bien à tort que l'on attribue à l'influence de certaines doctrines de la Presse Périodique, le désordre moral que l'on signale dans les esprits, et l'horrible attentat que l'on déplore... Depuis quatre années, la Presse Périodique avait perdu son action sur l'opinion publique; les projets ministériels vont la lui rendre, s'ils reçoivent la sanction législative.

Si l'exactitude de notre assertion était contestée, en l'un de ses points, du moins, nous n'aurions pour l'établir, qu'à répondre par ces questions : En quel temps les élections ont-elles été moins dépendantes des journaux? — les majorités plus compactes? — les cabinets plus stables? — les journaux plus violens et moins prospères? — Ajoutons que les nombreux journaux créés après la révolution de 1830, ont tous cessé de paraître : la *Tribune* et le *Courrier des Électeurs*, qui l'avaient précédée d'une année, n'ont pu se soutenir. — Aucun journal ne s'est fondé depuis.

Le motif de cette énervation de la Presse s'explique par l'abus qu'elle a fait d'elle-même; elle a cru, pour me servir des expressions de M. le duc de Broglie, « qu'elle dominait les autres in- » stitutions; elle ne s'est pas elle-même limitée » par la constitution dont elle fait partie. » Cette erreur lui a fait perdre la force qu'elle puisait dans la raison publique. Elle a méconnu le vœu général et le besoin matériel de stabilité politique, qui succèdent à toute révolution dont le fait est d'éveiller les passions et de froisser les intérêts.

La Presse maintenant disposerait à son gré de l'opinion publique, si, pour attaquer le système ministériel, elle eût attendu que le gouvernement représentatif ébranlé se fût replacé sur ses assises, si elle eût plus généralement compris sa mission qui est : l'opposition, lorsque l'ordre légal et la sécurité publique règnent, et la conciliation, au contraire, lorsque les divisions et la fermentation politiques les menacent et les troublent.

La Presse, assurément, n'est pas matériellement complice des insurrections sanglantes et des complots meurtriers que nous avons à déplorer; mais pour n'avoir pas rempli sa mission de paix en temps de guerre civile, il faut qu'elle se résigne à en subir la responsabilité morale.

Ce sera pour elle une grave leçon dont nos libertés publiques profiteront; car elles sont toutes solidaires de la liberté de la presse; celle-ci ne peut se compromettre par un excès sans mettre en péril toutes les autres.

Nous sommes encore de l'avis de M. le duc de Broglie sur ce point, « que la Presse Périodique » ne saurait avoir plus de droits que la tribune » parlementaire. »

Mais, cela admis, nous demandons pour elles deux,—que les mêmes conditions de capacité leur soient imposées, — qu'une égale considération leur soit accordée, et que, — dans l'intérêt de la pacification publique, et du développement progressif et rationnel de la liberté sociale, — la Tribune et la Presse se traitent en émules, mais non point en ennemies.

Cela est possible, nous le répétons, mais seulement par l'élévation morale de la fonction de gérant responsable, et par la suppression matérielle du timbre, dont la conservation est inconciliable avec la modération et la bonne foi de langage d'un journal.

Aussi long-temps que cinq mille abonnés seront nécessaires à l'existence d'une feuille quotidienne, à cause de l'énormité de la taxe, il n'y aura point, il ne peut y avoir dans la Presse Périodique de place pour les organes d'une opinion indépendante calme et médiatrice.

Ces deux causes que nous venons de signaler, l'une morale, l'autre matérielle, ayant été méconnues par les auteurs des projets de lois sur la Presse, ils sont tombés dans le même écueil que les ministres de la restauration, et plus dangereusement encore; car, pour suivre un si funeste exemple, ils ont été contraints de démentir toutes les doctrines auxquelles ils doivent la possession du pouvoir, et ces doctrines sont écrites partout, dans des journaux, dans des revues, dans des brochures et dans des livres.

L'opposition faite sous la restauration par les trois ministres que nous avons cités, manquait-elle d'expérience ou de bonne foi?... C'est une question sévère que leur adressera la conscience publique, dès qu'elle sera rentrée dans son repos; ils n'échapperont point de sa part à cet examen redoutable à leur réputation d'honnête homme et d'homme d'État! et dès que le doute public à cet égard commencera pour eux, les rôles changeront: ils perdront leur puissance, et la Presse alors retrouvera la sienne!

Celui des trois projets présentés qui a pour titre : *projet de loi sur les crimes, délits et contraventions de la presse, et des autres moyens de publication*, confond maladroitement trois objets qui auraient dû rester distincts; 1° la Presse Périodique; 2° les dessins et gravures; 3° les théâtres et les pièces représentées.

Il introduit hautement la censure dans un projet de loi sur la Presse Périodique, à l'égard de laquelle la Charte de 1830 l'a formellement proscrite!

Là n'est pas le tort le plus grave de ce projet ; car ceci n'est qu'une simple maladresse en elle-même, mais ce qu'on peut avec justice et sévérité lui reprocher, c'est le vague des termes des articles 1, 2 et 3, qui laissent tout accès à l'arbitraire et le ferme entièrement à la justice impassible; c'est l'inconvenance des qualifications que contiennent les articles 5 et 6; pourquoi les empreindre ainsi de l'esprit de circonstance dont les traces sont toujours à déplorer dans une loi, car elles marquent le passage aux réactions?

L'article 8 sera sans effet, car si l'opinion est contraire aux applications du projet de loi, elle n'aura pas besoin que les souscriptions soient publiques pour y prendre part.

Les articles 10 et 11 succomberont dans l'épreuve qui en sera faite : la pratique se refuse à leur exécution. L'article 12 est contraire à ce principe vital de toute constitution politique durable qui veut : « que rien de *légal* ne soit *immoral*. » La conscience publique ne l'admettra pas.

L'article 4 et l'article 13 sont les deux seuls du titre 1er qui ont notre assentiment.

Nous protestons de toutes nos forces contre l'article 14 parce qu'il rétablit la censure préalable et la confiscation déclarée inconstitutionnelle, au lieu de rester dans les limites d'une répression sévère et d'une saisie vigilante, et qu'il fait, d'autre part, intervenir indirectement la censure à l'égard des journaux et des livres pour peu qu'ils contiennent une vignette ou le plus simple fleuron.

Nous pensons que la censure préalable des pièces de théâtre n'était pas indispensable pour exercer sur leur représentation le contrôle salutaire que demandent la moralité et la pudeur publiques.

La censure *répressive* suffisait ; car les théâtres n'exercent pas la puissance redoutable de la presse, et des juges sévères ne manqueraient jamais à la punition du délit.

Il y avait de plus des garanties réelles dans les frais de mise en scène, que sont obligés de faire les directeurs de théâtre pour la représentation de pièces nouvelles ; aucun d'entr'eux ne s'exposera volontairement aux pertes considérables de temps et d'argent, qu'une défense justement motivée leur causerait, et ne sont-ils pas tous d'ailleurs plus ou moins dans la dépendance directe du ministre de l'intérieur ?

La censure préventive a plusieurs inconvéniens graves : indépendamment de la défaveur publique dont elle est l'objet, elle fait peser sur le ministre la responsabilité morale et littéraire de toutes les mauvaises pièces qui sont représentées, quelque sévères que soient ses censeurs ; en même temps elle donne lieu aux récriminations et aux attaques de tous les auteurs, qui dès que la censure existe quelque accomodante qu'elle puisse être, l'accusent avec exagération et la font responsable de tout l'esprit qui manque à leurs pièces, enfin elle éveille dans le public le goût des allusions à tel point que dès qu'il en cherche, il en trouve là où l'auteur lui-même n'en a aperçu aucune ; il suffit qu'un mot prête à ce moyen de protester contre la censure, dont l'effet le plus certain a toujours été d'accroître les détracteurs du gouvernement.

Notre bonne foi ne nous permet pas de taire que le *projet de loi sur les cours d'assises* a notre assentiment. Les lois, dans leur application, ne cèdent jamais à la force sans se venger sur la liberté ; d'impuissantes elles deviennent alors aussitôt tyranniques ; l'insensé qui les défie dans leur sanctuaire fait retomber sur toutes les têtes le châtiment qui menaçait la sienne ; il est toujours précurseur et complice du despotisme ; favoriser sa fuite, c'est prendre sa place, c'est briser ses fers pour en charger la foule ; il ne peut, selon nous, y avoir sur la nécessité de cette loi qu'une seule opinion de bonne foi ; elle est conservatrice de la liberté.

Notre sentiment n'est pas le même à l'égard du *projet de loi sur la rectification des articles 341, 345 et 347 du code d'instruction criminelle, et de l'art. 20 du code pénal* ; notre raison le repousse.

Avant de porter le main sur le jury, avant de surcharger nos codes de ratures, avant d'abroger une loi à peine en vigueur, il était sage et politique de s'assurer par une première épreuve, si les deux autres lois présentées n'étaient pas suffisantes… Épuiser d'un coup toutes les ressources de la légalité, c'est se priver des avantages de l'expérience, et s'exposer à succomber sans prudence et sans honneur dans une lutte désespérée.

EVERAT, IMPRIMEUR, RUE DU CADRAN, 16.